特別篇

臺灣名人傳記漫畫

馬偕

【華文版】

蠢羊—編、繪

目錄

附錄

推薦序

作者後記

I

獻身於未識你之國

來喔——
坐船無？
欲坐船無？
哎，今仔日真正有冷……
啊啊！彼爿彼个是啥人?!
那邊
那個
佗位來的西洋番？
真恐怖！

美麗的淡水啊……

我的心實在感動，噢！值得讚美的上帝啊！
就算在此地痛苦至死，我也願為主所用！
伊是啥人？
氣勢有夠強!!
一八七二年三月九日，馬偕正式登陸淡水★

時代背景

一八五八年清政府敗於英法聯軍後，與列強簽訂《天津條約》，議定開放臺灣（今臺南安平舊港）、滬尾（今淡水）、打狗（今高雄港）、雞籠（今基隆港）為通商碼頭。開港之後，與外國經貿往來變得熱絡，洋商進駐、領事館設立，為臺灣帶來一波西方文化的洗禮。

隨著開港來到臺灣的，還有立志將福音帶到世界各地的海外宣教師，在西方各教派中，以基督教的長老教會影響最大。

時間來到一八七二年，年僅二十七歲的馬偕牧師離開家鄉加拿大，自淡水河河口登陸。他在自述中說：「我舉目向北向南觀看，然後向內陸遙望濃綠的山嶺，心靈非常滿足，心神安寧且清靜，我知道此地就是我的住所，有一種平靜、明晰的聲音對我說：『此地就是了』。」

自此，馬偕牧師一生的傳奇，將隨著他的福音之旅，於淡水展開——

聲明：

為了還原當時情境，本書會使用「生番、平埔各族」來稱呼原住民。

一八五〇年代，
加拿大安大略省
哇！真的成功了！
喬治·萊斯里·馬偕（偕叡理）10歲
工作總算完成，能放心回家吃飯了！
真有你的，馬偕！
年紀最小，卻最厲害啊！

在家中馬偕是最小的老么，
馬偕他說工作沒做完就不想回來。
這孩子真特別。
以後一定會做大事啊！
從小，他就有個夢想……
我在清國宣教時……
那兒的人民……
賓惠廉牧師在馬偕的家鄉分享海外宣教的故事，讓馬偕大為感動。
哇……
馬偕很早就決定要成為一名海外宣教師。
馬偕的父母是第一代的蘇格蘭移民。
父親曾參加過戰爭，因此馬偕相信自己也流有戰士之血，
他也想去陌生的國度展開戰鬥！

在修完神學後，二十多歲的馬偕立刻申請志願去海外宣教。
請讓我去吧！我一定會盡我所能！
你太年輕了……
才剛畢業先等幾年吧。
因為加拿大沒有派宣教師往海外過的經驗，所以沒有答應。
在遞出申請後，馬偕決定先前往英格蘭。
成為前海外宣教師達夫牧師的門生，學習異國宣教技巧。

雖然中途得到了許多人的鼓勵，
但半年多來，母會加拿大都無聲無息。
也許我真的應該放棄……
在英格蘭找間教會待著就好……
上帝啊，我到底……
請問您是馬偕先生嗎？
有您的信，從加拿大來的。
上帝啊！

收到加拿大母會通知後，馬偕立刻趕回國。
喔喔上帝啊！
您聽到我的祈禱了！
是那個狂熱者，馬偕！
真的要花這麼多錢在年輕又沒經驗的牧師身上嗎？
教會卻讓他感到冰河時期般的冷淡無情，
但是一位在非洲待了二十五年的宣教師鼓勵馬偕……
不要叫人小看你年輕。

不要擔心，年輕人，
人們會教訓你、忠告你、計較費用，
但你只要把這些話放進口袋，走你自己的路，事情會改變的。
你會看到更光明的日子！

我絕對會走出自己的路！
於是，在忍受一整個月的暈船之後，馬偕成功地抵達了清國！

一八七〇年左右，英格蘭宣教師已陸續來臺灣宣教，
大甲溪以南皆屬於英格蘭長老教的宣教範圍。
打狗
英格蘭醫師
馬雅各

一八七一年十二月底，喬治・萊斯里・馬偕抵達打狗（今高雄港），初次來到臺灣。
歡迎來到福爾摩沙，
從美洲搭一個月的船來這，真是辛苦你了，
英格蘭長老教宣教師
李庥

馬偕弟兄！
李庥弟兄，有一股力量將我拉向福爾摩沙……
沒錯！
我相信是上帝要我來到這裡！
有人曾問我為什麼不挑英美等較容易的地區，偏要來東方……
我是不會在基督的名被稱過的地方傳福音的！
那要往北走了呢！
我們目前宣教最遠到大甲溪喔！
OHHHHHH

馬偕弟兄，我先帶你在教區認識一下環境，
馬雅各醫師因為健康問題剛回英格蘭，
他在南臺灣靠著醫療建立起許多教會。
杜嘉德宣教師為了後來的宣教師和當地人，編了《廈英大辭典》，
要在臺灣宣教請務必學會，甚至精通臺語才行。
WHAT
臺語有八種音調，我也還在努力學呢！
八音?!
我有請一位漢人老師，你可以一起學習。

在李麻協助下，馬偕學會臺語的基礎，並大致了解臺灣的環境。
他們夫妻非常熱誠地接待馬偕，
但是身為一名宣教師，馬偕始終記掛著……
北臺灣人口眾多又富裕，
卻無人來照顧他們的心靈……
您可以自由選擇宣教的地區，請不要客氣。
北部！我要去北臺灣為主拯救更多的迷羊！
毫不猶豫地決定★

非常感謝您陪我前往北臺灣，李麻弟兄。
一八七二年，北臺灣外海
別客氣，北部還沒有教會，會很辛苦啊。
我明白。
但是，就像那股將我拉往福爾摩沙的無形力量一樣……
現在也有個聲音在心中對我說……

THIS IS THE LAND!!!
就是這裡了！
沒錯，就是這個地方……
那麼，這裡就是你的教區了，馬偕弟兄！
我將在此地為上帝奉獻！

在李麻弟兄回南部後，
馬偕果然馬上就遭遇到語言的問題。
連溝通都很困難，更別說要對這些漢人宣教了！
雖然他們對我充滿興趣。
外國人呢！
黑鬚番！
有西洋人！
怎麼能夠在這認輸呢！
臺語是摯友啊！只是我還不認識他而已！
大聲念出摯友的讀音吧！
一天背一百個單字！
OHHHHHH
男人 女人
查埔！查某！
房屋 天頂
厝！天頂！

查埔！查某！
厝！天頂！
查埔……
……?!
但這似乎嚇到了馬偕雇用的僕人，
不幹啦！這个西洋人是瘠(瘋子)的！
馬偕得獨自生活，
……
宣教工作變得更加困難。
上帝啊！我不會輕易認輸的！
AAAAAAA—
我一定會把臺語給學好！
無論用什麼方法喔喔喔喔！

……
咦，有人過來了？
怎麼了？
？
放牧牛的漢人孩童。
孩子啊……
尼悶都能到耶穌跟前來！
不要懼怕！
咦尼悶怎麼……
救命啊！會被抓走！
哇啊！是那個洋番！
他在講什麼奇怪的話！好可怕！
……？
用錯方法了嗎？
隔天——

孩子！哇叫馬偕，
可以跟你們聊聊天嗎？
哇！
這個西洋人會講我們的話？
他到底想幹嘛？
哇沒有惡意！哇只是想跟你們談談上帝！
不行太可疑了大家快跑！
再隔天——
能陪哇聊天嗎！
欸他又來了！
唉算了反正也沒事做，看他要幹嘛。
於是，馬偕成功與牧童們拉近距離，
從牧童那學會非常多且道地的臺語。
神愛臺灣人！
愛甲擋袂牢！（受不了）
因此，來臺五個月的馬偕就能開始宣教。
喔喔！
這西洋人臺語說得真不錯！

您好，
聽說這裡有個西洋人在講西方的道理……
嚴清華
喔喔喔青年快進來吧！
怎麼激動到哭了?!
第一次有漢人主動上門太感動。
我對你講的知識和道理很有興趣。
他問馬偕許多問題，是個討人喜歡的年輕人。
我之後會再來拜訪您。
要在異地宣教，有當地人幫忙是非常重要的，
馬偕祈求主賜他一個有力的幫手。

阿華帶著秀才出現了！
聽說你飽讀詩書，可否請教些問題？
西方學士
東方秀才
V.S.
初次對談後，馬偕理解這些學者的思路，
便拚命研讀四書五經，也研究東方宗教思想……
之後阿華果然又帶著更多讀書人來問馬偕問題。
呼啊啊啊——
哇啊～
慘敗…
★馬偕在與漢人的激辯中大獲全勝！

馬偕與讀書人的辯論持續著，挑戰者越來越多，但馬偕都成功取得勝利。
竟然比我們還懂道佛教，
真厲害啊……
您真是太厲害了，馬偕先生！
你說的話都很適合我，我喜歡！
我也厭倦偶像和迷信了！請讓我跟隨你吧！
……好！
上帝聽了馬偕的祈禱，賜給他一個聰明的年輕助手。
阿華開始幫馬偕處理雜務，
把房子弄得乾乾淨淨的，也烹飪午餐，
是個有條不紊的優秀人才。

馬偕則教阿華羅馬字的寫與讀。
馬偕也送邀請函給這裡的外國人團體，
請他們週日來其住處做禮拜。
週日
還有很長一段路要走……！
既然沒人來的話，
那我們繼續上課吧！
幸虧阿華面對挫折時也很坦然。

要不要去拜訪我朋友，我想告訴他這個福音！
好主意！
於是馬偕與阿華到了鄉間。
欸，是改信耶穌的那傢伙。
竟然還帶了黑鬚番來……
一定是想利用阿華接近我們！
趕他們走！
不能讓黑鬚番得逞！
各位好，這位馬偕牧師是……
!!
洋鬼子！
快離開！
滾！
?!

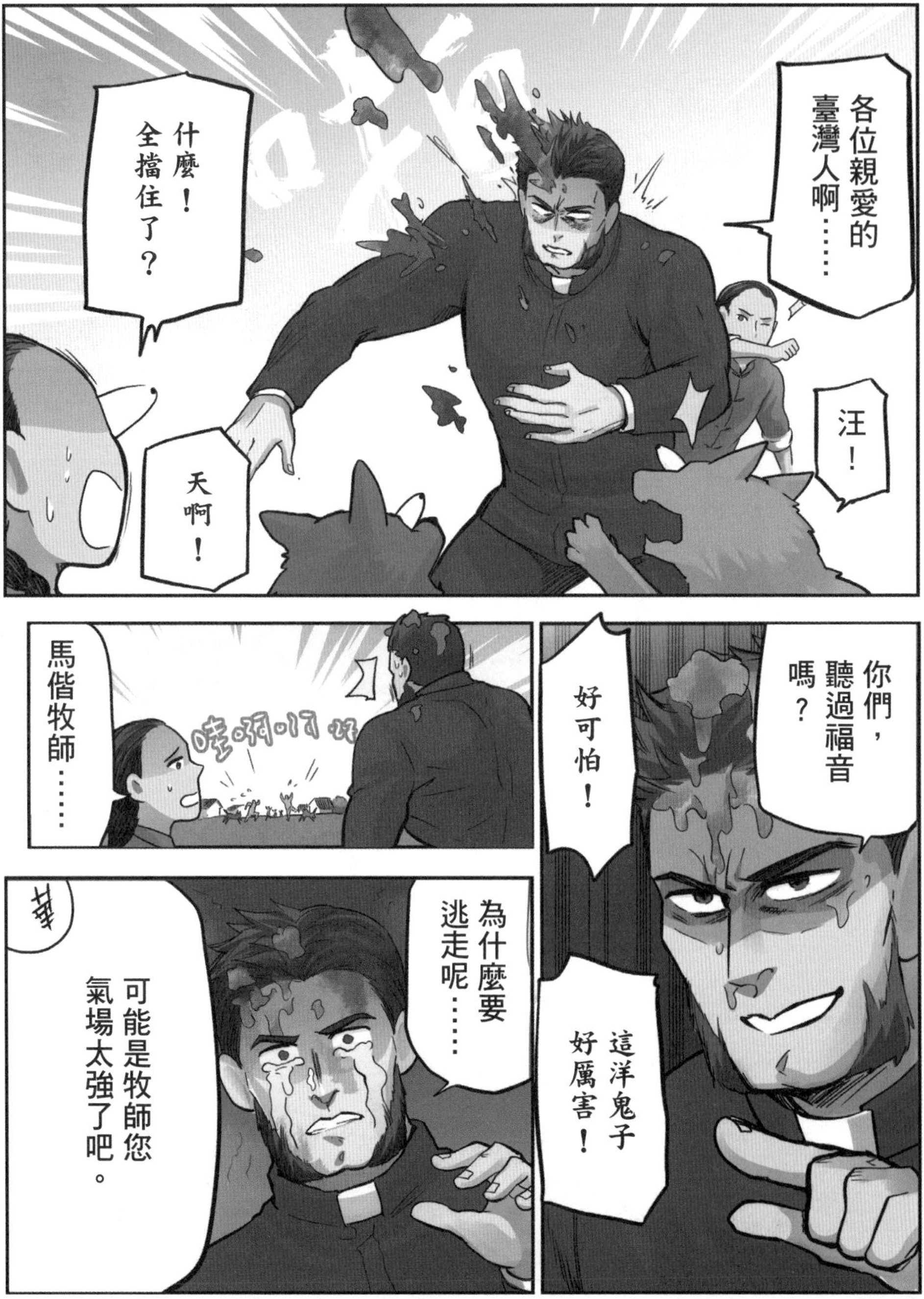
各位親愛的臺灣人啊……
汪！
什麼！全擋住了？
天啊！
你們，聽過福音嗎？
好可怕！
這洋鬼子好厲害！
馬偕牧師……
為什麼要逃走呢……
可能是牧師您氣場太強了吧。

啊……
美麗的福爾摩沙被烏雲籠罩……
外國人很容易得風土病，
牧師您請好好休息。
阿華說得對，
臺灣的天氣潮濕悶熱，蚊蟲也非常多。

南部的英格蘭宣教師也常常生病，
增派人手的成本本來就很高，西洋人生病只能送回國……
牧師我熬了粥！
但是本地人卻能很好地適應……！

巴克禮、馬雅各及其他宣教師幾乎都感染過風土病。

為了有更多人幫忙宣教，訓練本地人是最好的策略！
等等我再教你一些單字吧……
馬偕牧師，我有些朋友也有興趣，能帶他們來嗎？
那當然！

幾天後——
就是那棟屋子！
這個馬偕牧師很厲害喔……
嚇?!
你們來啦？我也剛好回來……
哇啊啊啊啊太厲害啦！
這人是牧師？
今天教你們解剖學，來觀察豬的構造！

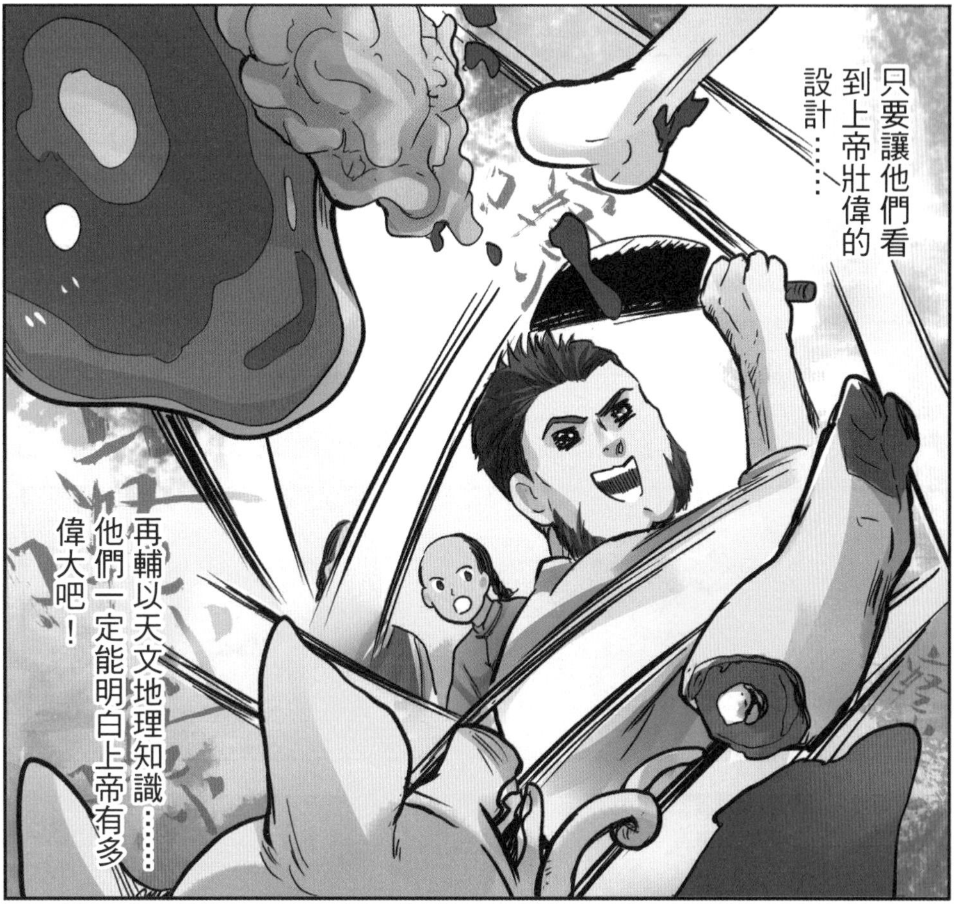
只要讓他們看到上帝壯偉的設計……
再輔以天文地理知識……他們一定能明白上帝有多偉大吧！

解剖學如何？上帝的創作很偉大吧！
光是看著牧師就相信了呢！

大家都會唱詩了，別整天讀經，
接下來我們去海邊吧！
帶你們透過自然認識上帝！
馬偕常帶學生去海邊蒐集貝殼與釣魚，
教導他們許多知識。
喂——魚烤好囉！
可以吃午餐了……牧師？
有魚上鉤了嗎？
唔
是條大傢伙……！

得人如得魚！
我是不會認輸的——喔啊啊！
太厲害啦！
是鯊魚啊啊！
偉大的上帝！

哼哼，這樣就多一個標本了！
蒐集這些標本要做什麼啊？好多……
馬偕回國時帶著這些標本與紀錄，讓外國人能了解臺灣。

其實是奎寧（一種治療瘧疾與焦蟲症的藥物）。

阿華啊，哪怕是迫害主的人，基督都不會拒絕他！
你們放心……
接受上帝偉大的愛吧！
奎寧
謝謝牧師！
咦？燒退了！
病好啦！
於是，人們陸續來到馬偕的屋子，
也有人病好後開始接受基督教，
馬偕的名聲與基督教信仰逐漸傳開。
臺灣人很相信立即見效的藥……
得多訂點奎寧了！
宣教工作逐漸有了起色！

馬偕觀察到臺灣學生除了上課以外，其他的時間都相當懶散，
能坐就不會站。
沒有運動的習慣嗎？
想辦法讓他們理解運動吧……
好，那我們今天就去爬山吧！
爬山？別開玩笑了！山上很危險！
有生番會砍人頭啊！
不要啊！

沒事，你們看這風景不是很美嗎？
啊！美麗的福爾摩沙！
注意草叢！
前方安全！
大家一起提高警覺！
臺灣人好像真的很無法理解爬山啊。
累死了……

馬偕與學生常帶著藥品去鄉下宣教，
他們翻山越嶺，走危險的山路。
哇啊有毒蛇！
除了毒蛇以外還會遇上暴雨……
那裡有農家！
我們去問看看能否借宿吧！
牛舍就借你們過夜吧。
非常感謝！
野外露宿會遭到生番攻擊，村落之間也沒有什麼旅社；
因此與家畜共舍是常有之事。

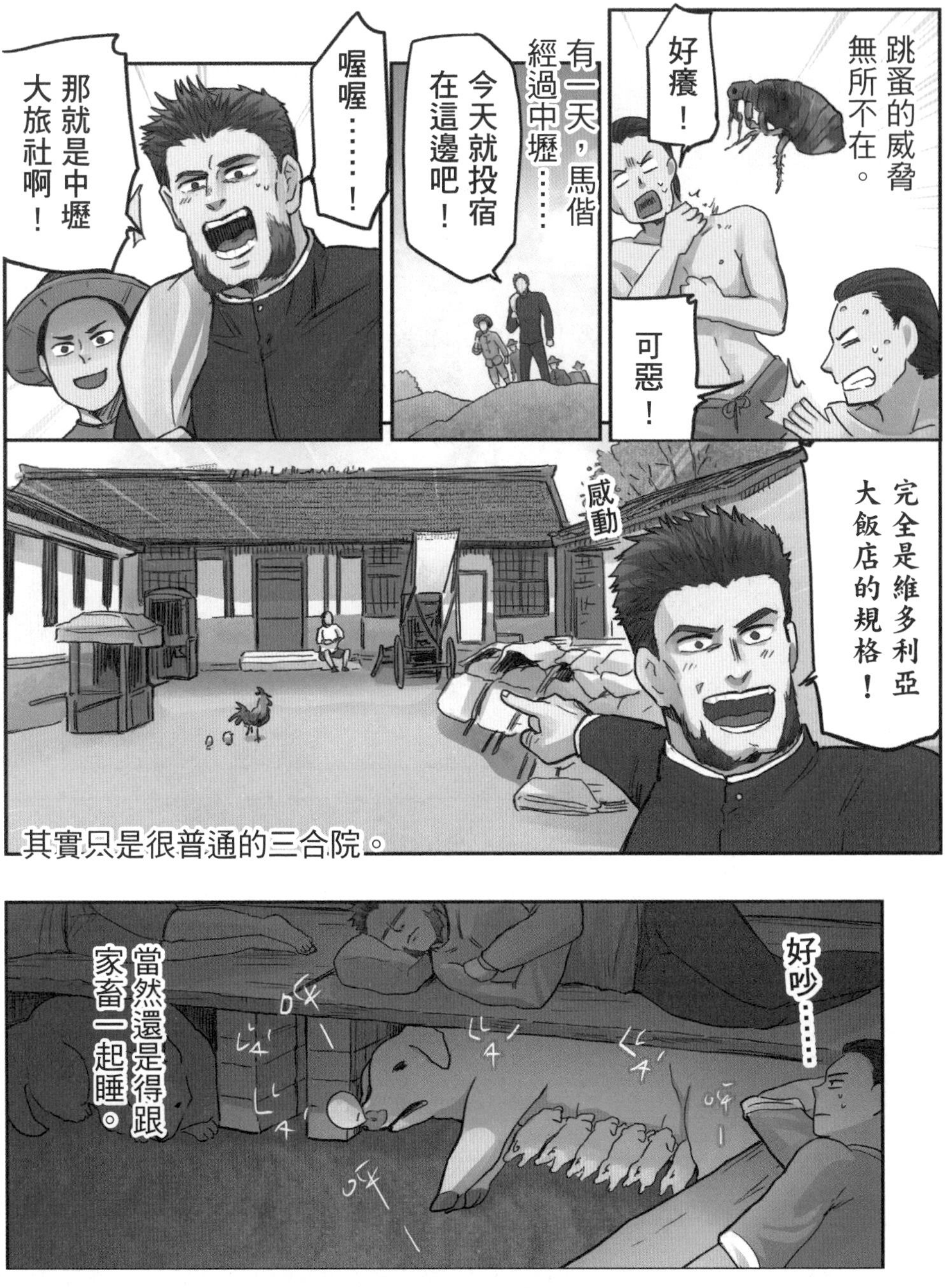
跳蚤的威脅無所不在。
好癢！
可惡！
有一天，馬偕經過中壢……
今天就投宿在這邊吧！
喔喔……！
那就是中壢大旅社啊！
完全是維多利亞大飯店的規格！
感動
其實只是很普通的三合院。
好吵……
當然還是得跟家畜一起睡。

為了宣教，馬偕與學生們到處去拜訪。
馬偕牧師，前面是客家人的村子。
這人是誰？
西洋人。
哪來的呢？
要幹嘛？
我努力學習至今的摯友……
臺語
上帝啊！
完全聽無
馬偕牧師！
振作啊！
沒錯，不能就此放棄！
唉，疼啊……
！

哇啊?!
嘴。
好像要妳張嘴呢！
喔喔！
喔喔喔喔！
即使語言不通，透過醫療宣教，
大家快來看牙！
有西洋人在看病！
馬偕也成功打入客家族群！

今天馬偕也為了宣教而旅行著。
!!
危險！大家退後！
!
你不是漢人？
是生番！
沒有蓄髮……
危險啊牧師！快跑！

!
!
……!
你一定是我們的親戚，歡迎！
咦？怎麼回事！
生番竟然讓牧師過去！
一定是上帝的大能！
上帝太厲害啦！
原住民認為馬偕沒跟漢人一樣蓄髮，就是親戚。

醫療宣教之下，
漢人開始陸續
上門尋求幫助，
信徒也因此
快速增加，
學生們則
協助馬偕
分發藥品。
主日聚會也從
一個人也沒有
的窘境，
開始增加到三十人、
五十人，甚至八十人
以上……！
由於淡水港口
的便利性，
馬偕也會登上外國
船艦對水手講道。
上帝啊，難道
這就是光明
之日……

……不！我不能因此滿足停步！
哇啊?!
南臺灣有英格蘭宣教師團隊走遍山地，
即使北部只有我一個宣教師，我也要讓基督走得更遠！
馬偕，跨出了大無畏的一步！

野生的眼鏡蛇出現了！
馬偕和學生們 Lv. 33
〉戰鬥 使用道具
逃跑

Ⅱ 艋舺對決！

親愛的加拿大母會：
我在福爾摩沙宣教，這裡的人相當親切，
只要你告訴他們福音，他們就會認真考慮。
我已經送給原住民一些種子，他們很喜歡。
但是時候前往城市了，我將前往艋舺！
這些漢人需要你親自現身幫助他們，
就會信福音了。

清代後期臺灣行政區劃
淡水縣
新竹縣
宜蘭縣
我要以滬尾*為中心，往外發展建立更多的教會！
東邊往宜蘭，西邊的目標則是繁華的艋舺！
艋舺嗎……
*淡水古名。
可是那邊有很多有勢力的角頭耶……
而且道教的勢力超龐大……
沒問題！上帝必定會幫忙開路！
馬偕，決心前進艋舺★

這些洋鬼子真討厭，
整天說什麼耶穌基督。
穢氣！
潑他糞就會嚇跑啦！
怎了？
！
沒事，牙疼一陣子了……
什麼聲音？
歌聲？
你後面！
被苦痛折磨的人啊……
AMEN
他不就是那個洋鬼子嗎……！

拔牙術！
?!
牙不痛啦！
你、你到底是什麼人？
我是宣教師馬偕。
你們，聽過福音嗎？

黑鬚番來啦！
什麼十誡？扔去啦！
大家丟他！
快滾出艋舺！
洋教沒人要信啦！
快趁我們還客氣時滾出去！黑鬚番！
可以……給我十分鐘……
跟你們好好聊個天嗎？
恐怖喔！這個耶穌教超恐怖！
大家不要聽這個西洋人黑白講！
哇啊啊！

牧師……暫時先撤退吧，
他們完全沒有溝通的意思……
至少……如果能聊天的話……
這裡的人心腸未免太堅硬了……
一無所獲的馬偕回到家……
艋舺人不論老少天天操勞的都是錢！大家只重物質！
恨惡外國人、自傲、自以為是、虛偽、迷信、縱慾、自大和奸詐，艋舺都首屈一指！
艋舺啊你這個奸詐的城市要悔改，否則喇叭聲響起，那時你們後悔就來不及了！
緊握
牧師……沒問題吧？
希望……
氣到在日記寫了一大堆。

信徒借了屋子給馬偕當聚會所。
真的太感謝了！
快離開！
不然我們就殺掉他！
慢著你們不是同胞嗎?!
太不可理喻了這些漢人！
那我就用租的吧！
艋舺當局發出布告，告知市民不准租借或出售房屋財產給外國宣教團，違者將受監禁或被處死。
救命啊……
請您立刻離開艋舺城，不然我們要關押房東。
你們到底是官府還是土匪啊?!

可惡，這些不守法律的傢伙……
我是不會因此退縮的，這一切……都是為了基督！
既然如此、
我就直接買地吧！這樣總沒有話說了。
於是馬偕在城外買了間小房子，
艋舺大戰這才要真正開始。

艋舺的禮拜堂，完工！
禮拜堂
無論上帝給我什麼考驗……
我都一定會將福音帶到這座島上的！

三天後……！
……！
考驗、襲來

哈哈哈！那個洋番以為把教堂蓋起來就沒事了！
蓋幾次我們就拆幾次啦！
馬偕你先不要衝動啊！很危險的！
要是你被打傷很難處理啊……
不行，我一定要問出是誰拆我的教堂！還有為什麼要拆！
沒關係！我願意為了上帝忍受任何逼迫！
※英國領事館的人很怕馬偕被打傷。
一定要找出拆教堂的人請求賠償！
我們只好派武裝隊來避免您被傷害了。
不用！我相信一定能講道理！

當時艋舺最有勢力的商人是三大姓：黃、林、王，
有三大姓就沒有耶穌教！哈哈哈！
加上當地已有長久信仰的大廟：龍山寺、清水祖師、青山王等等，
馬偕的宣教工作可說是寸步難行。

山不轉路轉！行不通我就換個方法，不信真的沒辦法！
牧師又在寫日記了呢。
好認真啊。
日記裡真的寫了很多關於艋舺的事。

阿華，我一直在想……
為什麼臺灣人都很怕我？
答案很明顯吧？
沒錯！我也這麼想！問題果然出在這啊！
我們改變方針！不要一開口就談耶穌！
先讓民眾接受我們再說！
大家一起動起來！
馬偕帶學生打掃大街、整理環境。

積水要倒掉，
避免蚊蟲孳生。
謝謝醫生！
來喔，身體不舒服都可以來看病！
馬偕轉以衛生和醫療來打入民眾，
那個西洋人真厲害！
妳還真的敢給西洋人看病啊！
真的假的？我也想去看！
可惡，大家都開始去找那個洋鬼子了……
咬牙
畢竟他真的把人給治好了啊！
放著他不管也沒關係吧？
馬偕改變方針後，部分艋舺人逐漸不再抱持強烈的敵意。

臺灣人很迷信，
該怎麼樣讓他們信任基督教呢？
迷信……對了！
教堂尖頂會破壞咱艋舺的風水！
對啊！
有三姓就沒有耶穌教！
東方人講求無形的風水！
黑鬚番又來了。
你今天又想要什麼名堂……
你要做什麼?!

東方人講求的風水……
是無形之物，猶如基督的愛……
藉由風與水來接受上帝的大愛吧！
放開我啊啊！！

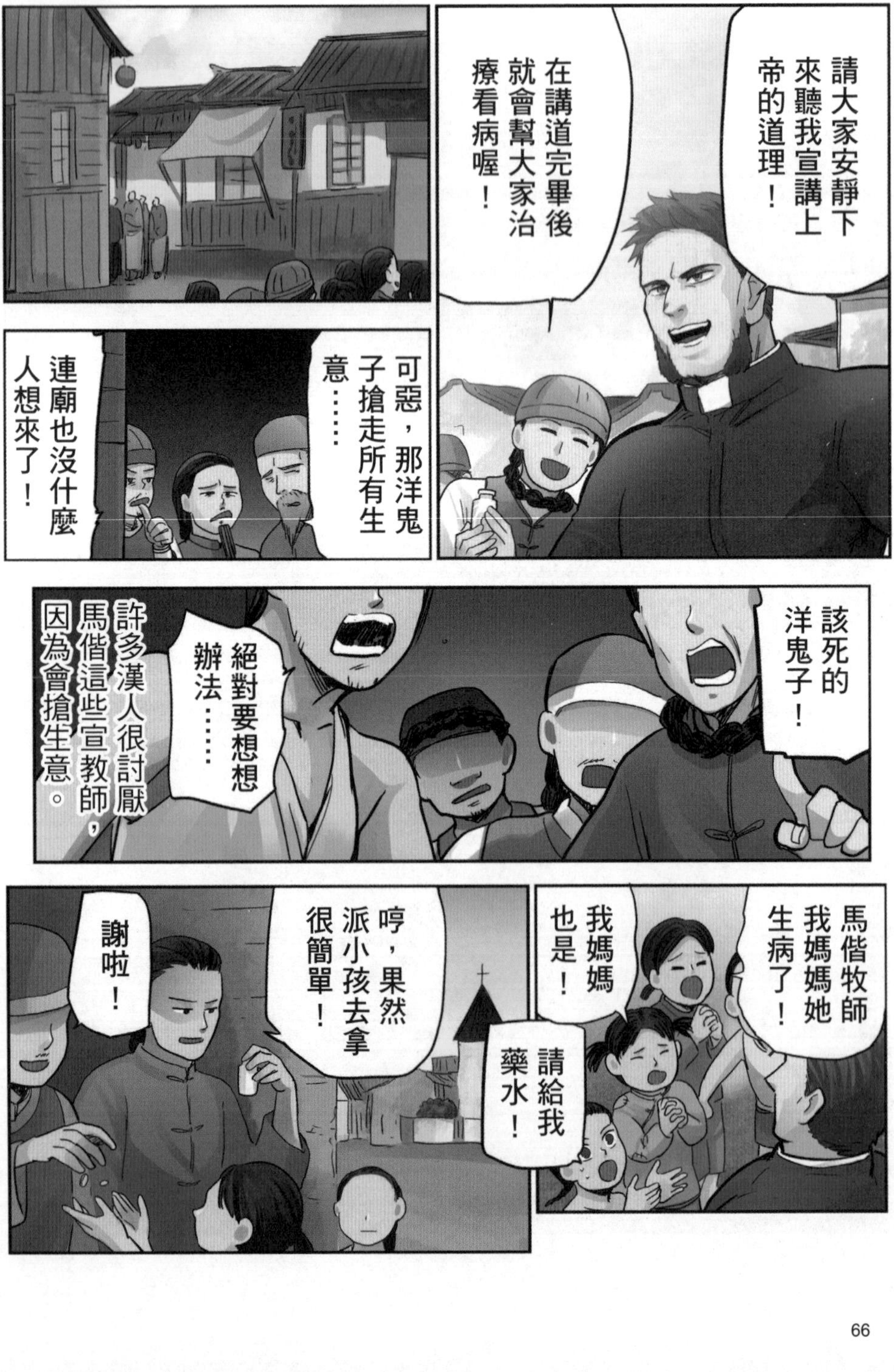
請大家安靜下來聽我宣講上帝的道理！
在講道完畢後就會幫大家治療看病喔！
可惡，那洋鬼子搶走所有生意……
連廟也沒什麼人想來了！
該死的洋鬼子！
絕對要想想辦法……
許多漢人很討厭馬偕這些宣教師，因為會搶生意。
馬偕牧師我媽媽她生病了！
我媽媽也是！
請給我藥水！
哼，果然派小孩去拿很簡單！
謝啦！

嘿！
你最近都跟著那西洋人喔？
對，我幫馬偕牧師發藥。
西洋人那套你也信，最近有間廟超靈驗的，要不要去？
可是牧師的藥就很有用……
去看一下又不會少塊肉，
對啊，我們以前不是都一起去廟裡嗎？
好吧，就看看也好……
你這個病吼雖然嚴重，
但是這個神藥喝下去，保證藥到病除！
這不就是奎寧嗎?!

事情就是這樣……
牧師的愛心被有心人利用，
我們也查到有人拿藥水去轉賣……
以後我們等對方願意信教後再發放……？
沒那必要，上帝的愛是無私無價的！
只是以後得多注意對方是否真的有需要才發放。
可是牧師……
沒有關係，這代表臺灣人認同現代醫療的強大了……
醫療宣教是有用的！

而在臺灣南部，
醫師馬雅各也靠醫療宣教建立起許多教會，
甚至設置了第一所西式醫館，也就是後來的新樓醫院，照顧廣大的南部臺灣人。
當時甚至有句俗諺：「馬醫生無法度」，
可能沒辦法了……
這下真的沒救啦！
代表臺灣人對西方醫療之肯定。

那個馬偕最近越來越多信徒了……
要想想辦法才是！
你看，他又來了……
什麼聲音？
他竟然跟他的人在大街上公然唱歌?!
未免也太沒有水準了吧！虧他還是個文人！
對啊！真是沒有教養！
以前的人很輕視唱歌，認為那是戲班子才會做的事情。

別再唱戲啦！快停下來！
不正經的一群瘋子！
很多人以為基督徒發瘋了，
但馬偕依然堅定地帶信徒在街上唱聖歌，然後再開始講道治病。
他們好像不是在唱戲。
唱得也挺好聽的耶。
因為馬偕唱歌非常好聽，也會以樂器伴奏。
開始有人因為想聽他唱歌而聚集，甚至入教。
安可～
安可～
大愛

拿去，這是你拔下的牙齒。
還給你吧。
謝、謝謝。
馬偕幫生番拔牙時會把牙齒收起來帶走，
但是漢人卻懷疑他要拿去做法。
馬偕也盡可能幫助及教育艋舺人……
藥粉、奎寧水……
學生會幫忙分裝藥品。

金雞納霜！
醫治他們的腳瘡等等……
積極讓他們對我改觀！
對迷信的人就要用現代科技來破除他們的迷信！
這樣一來，艋舺……不，臺灣人總不會懼怕我了吧！
不，我覺得重點不是這個。

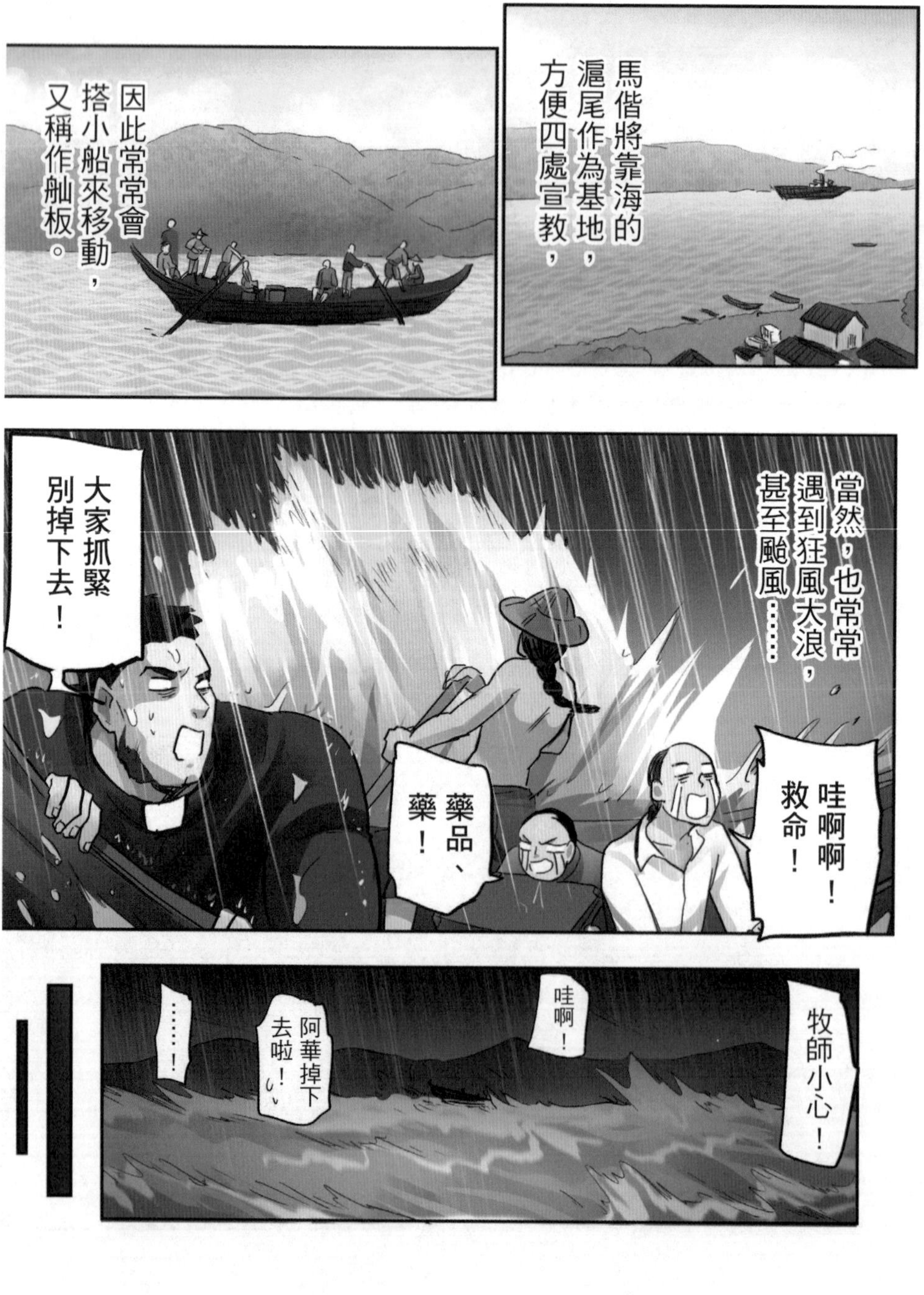
馬偕將靠海的
滬尾作為基地，
方便四處宣教，
因此常常會
搭小船來移動，
又稱作舢板。
當然，也常常
遇到狂風大浪，
甚至颱風……
大家抓緊
別掉下去！
哇啊啊！
救命！
藥品、
藥！
牧師小心！
哇啊！
阿華掉下
去啦！
……！

即使只是沿著海岸航行，也常常被打離原航道。
馬偕前往宜蘭或龜山島時，就常常被強勁的海浪給打到基隆。
基隆
龜山島
終於到龜山島了……
是馬偕牧師嗎？
您終於再來看我們了！
龜山島的住民大多為貧困的漁民，
他們非常歡迎帶著藥品的馬偕與學生，
馬偕因此曾在龜山島建立起教會。

蔥仔，那個外國人是馬偕牧師，
他特地到五股來講很好的道理給我們聽咧！
妳可要專心聽這個牧師講話才好。
是的，阿嬤。
妳是陳塔嫂的養孫女*嗎？
是的，我叫蔥仔。
這名字……我給妳重新取個名吧，
就同音的「聰明」！
臺灣人都習慣亂給女孩取名……
！
謝謝牧師！

＊張聰明是姓張的女兒給陳塔嫂做養孫女。

陳塔嫂，妳孫女聰明也該找對象了，牧師人怎麼樣啊？
欸？馬偕牧師嗎？他很好，但是……
別但是了，我去幫妳說媒！
牧師你也老大不小了，在臺灣有個人陪伴比較好對吧？
啊……
BLAH BLAH
如果對方也願意，我很喜歡臺灣人……
那太好了！
於是，在媒人的牽線下，
馬偕與小他十二歲的張聰明結緣，
後來兩人順利地成為夫妻。

一八八〇年，
馬偕第一次
休假離臺。
他帶著妻子
渡蜜月後，
回到祖國加拿大。
馬偕在祖國到處
講述福爾摩沙遇
到的一切，
困難、工作，
各種挑戰。
演講結束時，
信徒們熱烈的
掌聲與支持……
都讓他更加確定，
當初堅定地往海外
宣教是上帝的安排。

馬偕也開始募款，
FOR FORMOSA
為了將來在福爾摩沙推動的一切工作……
啊，那美麗的婆娑之島，
我心所嚮往之地，
我要將我的一切都獻給你，
這一切，攏是為了我衷心所愛的臺灣。

馬偕的驢子，
本來是別人送給他代步，
但似乎不喜歡被騎的樣子。

III

聰明的伴侶

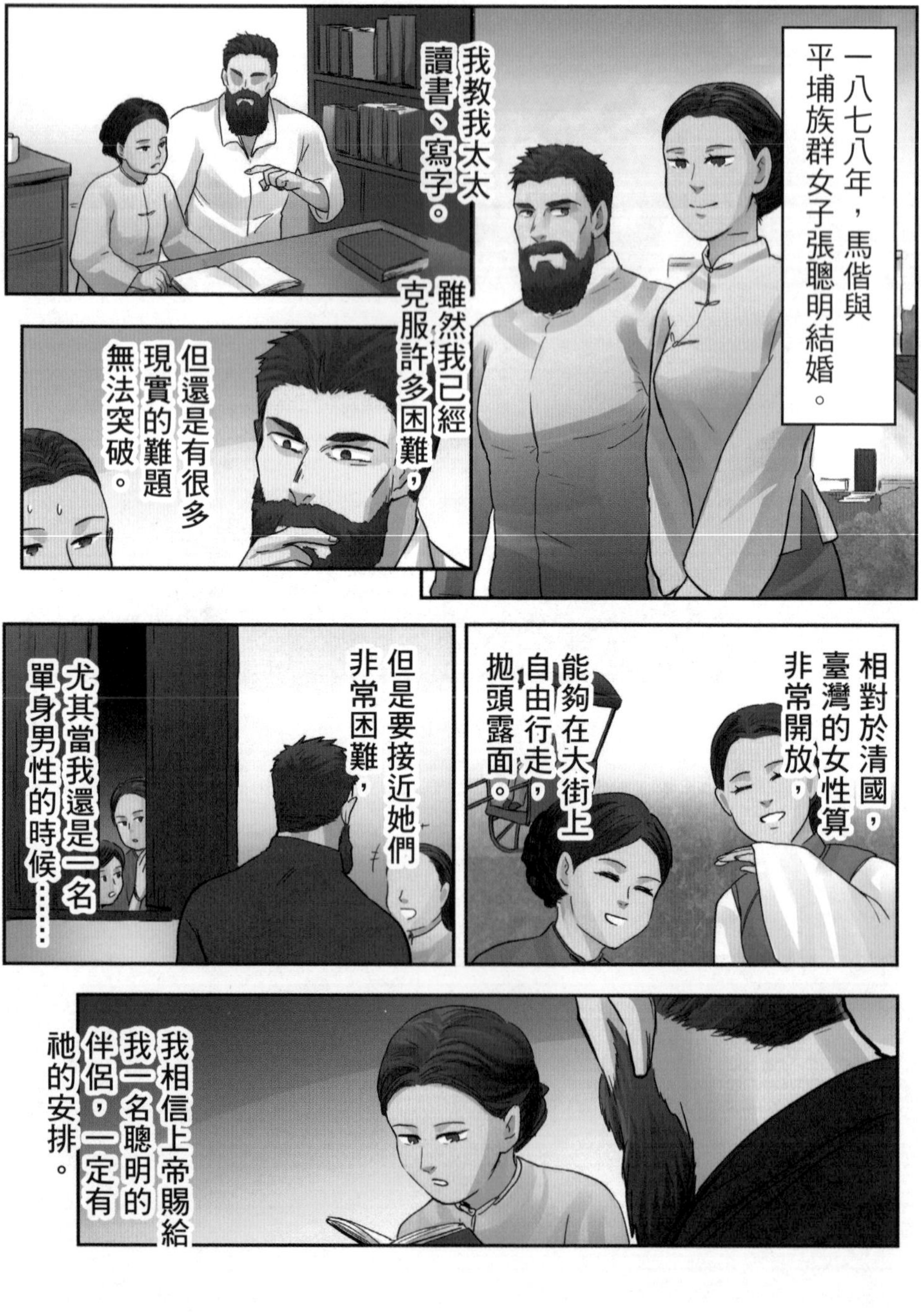
一八七八年，馬偕與平埔族群女子張聰明結婚。
我教我太太讀書、寫字。
雖然我已經克服許多困難，
但還是有很多現實的難題無法突破。
相對於清國，臺灣的女性算非常開放，
能夠在大街上自由行走，拋頭露面。
但是要接近她們非常困難，
尤其當我還是一名單身男性的時候……
我相信上帝賜給我一名聰明的伴侶，一定有祂的安排。

聰明如我的期待，很順利地跟女性打成了一片，
真是的——
討厭啦——
就是說嘛 呵呵呵
這是我完全做不到的事。
親愛的，
她們非常渴慕上帝的話。
聽說西洋上帝會賜平安，
自從我老公死掉以後，我心靈就一直很不平安。
當然可以，妳聽過上帝嗎？
我可以去教會看看嗎？
當然，上帝歡迎每個人！
在伴侶的幫忙下，馬偕的事工又更邁進了一大步！

女學堂剛創立時遇到最大的困難
——就是只招得到平埔族群女性。
我先教妳們算數吧……
因為重男輕女的陋習影響，
蛤？女兒長大就要嫁人啦。
幹嘛給她們讀書。
包含教徒，沒有漢人願意將自己的女兒送來學校。
因此，包括舍監在內，
女學堂全部都是平埔族群。

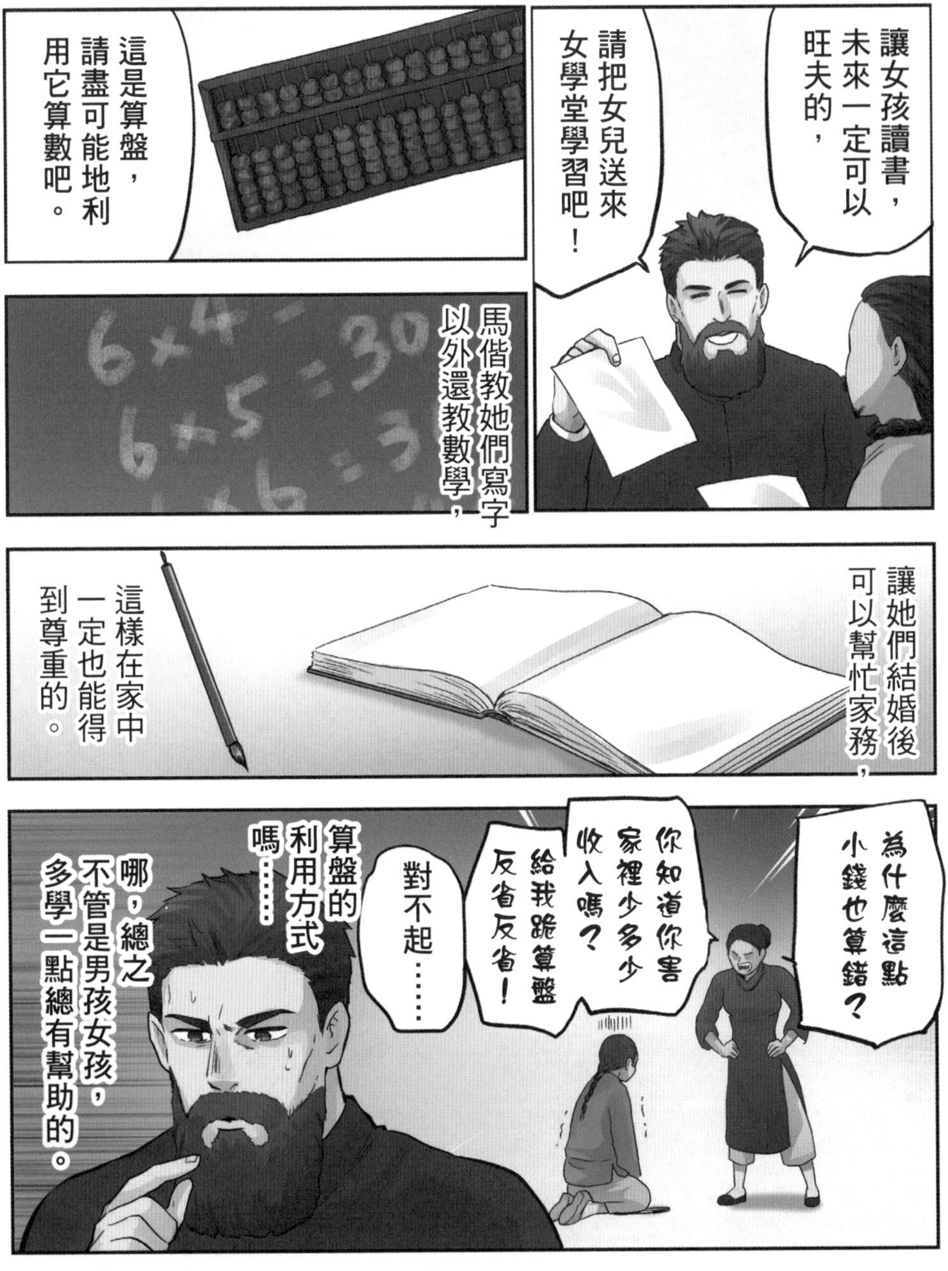
讓女孩讀書，未來一定可以旺夫的，
請把女兒送來女學堂學習吧！
這是算盤，請盡可能地利用它算數吧。
馬偕教她們寫字以外還教數學，
讓她們結婚後可以幫忙家務，
這樣在家中一定也能得到尊重的。
為什麼這點小錢也算錯？
你知道你害家裡少多少收入嗎？
給我跪算盤反省反省！
對不起……
算盤的利用方式嗎……
哪，總之不管是男孩女孩，多學一點總有幫助的。

呼啊
呼
牧師你走慢點啊！
等等我們！
馬偕的腳程快又堅定，
常常為了探望教會或病患，奔走在山林間。

馬偕師生一年約拔一千多顆牙，

一個月平均要拔一百顆左右。

最高紀錄在一八八七年十二月十日，他跟學生們一天拔了五百一十三顆牙。

一小時的最高紀錄則是一百顆。

牧師，這些神像和牌位全都不要了！
我們整村都改信基督教囉！
喔喔那給我吧。
我要收進博物館裡面。

Ⅳ

重生吧，教會！

一八八四年，清法戰爭爆發，臺灣本島遭受到法軍的攻擊。
臺灣各地鄉勇紛紛共赴戰場，許多艋舺人也揹著神明加入淡水戰場。
而馬偕的偕醫館也發揮了作用。
啪！
牧師竟然把門拆下來運送傷患……！
真的是太感人了！
還好有偕醫館……

喔喔喔喔喔！
殺啊！
清水祖師保佑！
哇啊啊啊那是什麼?!
臺灣鄉勇背著神像，身上畫符貼符紙出戰的模樣嚇壞了法國人。
將軍不好了臺灣到處都是鬼啊！
將軍?!
臺灣的蚊蟲與流行病也擊潰了許多法軍。
有著奎寧水與西方醫藥的支持，讓臺灣這廂得以拖長戰局，
而補給線過長的法軍則日漸衰弱……

聰明……
戰爭不知道何時才會結束，但我不能丟下臺灣人不管……
妳先帶媽連、以利和叡廉暫時去香港避難吧。
親愛的……
我答應妳，等戰爭稍微平緩我就會去找你們！
於是，偕師母帶著三個孩子離開臺灣，
而馬偕繼續留下救治臺灣人。

滬尾戰事稍微平緩之後，
師母！
親愛的！你們都沒事！
感謝上帝的恩典！
馬偕帶著幾位學生去香港找妻兒，
然而戰爭卻又馬上開打了。
今天也沒有船……
這是我終生最大的遺憾……
我們先回去吧牧師，
明天再來問看看……
掛心臺灣的馬偕，被困在香港！

為什麼不能前往臺灣?!
我要和臺灣人共存亡啊！
有船的話立刻通知我！
我要回去！
先生請您冷靜……
為了回到臺灣馬偕寫了許多信，到處奔走尋找回臺灣的方法。
來吧法國人！休想阻止我回到福爾摩沙！
在香港等待數個月以後，終於有艘開往臺灣的船……

不許靠近！
立刻離開！
下一發一定會命中！
為了安全，只能回去香港了……
什麼?!
於是，一直到戰爭結束為止，
爸爸你沒事吧？
我想念福爾摩沙的大家啊……
馬偕被困在香港，前後長達五個月，他自稱這段時間是他人生中最大的遺憾。

戰爭結束後，馬偕終於回到臺灣……
牧師！您終於回來了！
暴徒們趁戰爭時洗劫教堂……
好多人被打被殺……
甚至還放火燒教堂！
當時是移民社會的臺灣有許多羅漢腳*，
因此治安相當差，各地教會也受到許多迫害，
東西被偷，教堂損毀的情形非常嚴重。

＊臺灣特有稱呼，一般指無業、無田產房屋，也沒有家室的男子。

甚至整間教堂都被夷為平地。
馬偕

牧師，這些漢人完全是在警告啊……
主耶穌在世時也遭受各種迫害，
堅強起來，各位，有很多事情要做。
A教堂損失財物有長椅N張……
B教堂焚毀，價值約〇〇圓
信徒死傷N人……
統計吧！把一切損失統統記下來！一定會用得上！
是！
馬偕花了許多心力清點各教堂的損失，做成清冊。

新的臺灣巡撫——劉銘傳，在清法戰爭之後被派來管理臺灣。
馬偕牧師，新的巡撫說想見你，
因為戰爭中你有幫很多忙。
清國的官員嗎？
真是不期不待啊……
以前租房子時曾被惡意刁難。
久仰大名，耳聞您在戰爭時幫助許多鄉勇，
清國非常感謝您的付出……
那些不要緊……
倒是我們的教堂！教會的財產被不法之徒損毀了！
我們教會損失的所有財產都清點完，記錄在這裡了！

這樣啊，實在是很不好意思。
這裡是墨西哥銀一萬元，希望能賠償貴教的損失。
一、一萬……
當時外籍宣教師一年約需花費二千元。
以後也希望能多多協助我們了。
當然沒問題！
感謝巡撫大人！
瞬間改觀。
實際上清皇帝派劉銘傳擔任巡撫前，劉曾寫奏摺推辭，表明自己身體充滿舊疾，
實質上是在暗示需要許多錢才能搞定臺灣的建設與治理，因此有了資金，也才有這次豐厚的補償。

好多錢啊……
沒想到這位新來的巡撫這麼乾脆，說補償就補償！
得好好運用這筆錢才行了。
可以重建好多間教堂！
沒錯，得好好利用這筆錢才行，
畢竟犧牲了很多信徒。
那麼就在被破壞的教堂原址全部重蓋，並給予補償如何？
但是被破壞了很多間，這樣重蓋的教堂沒辦法太大間呢！
那要不然蓋幾間堅固又大間的？

關於教堂的設計我有點想法……
牧師！
非常具有風格呢！好漂亮的建築啊！
不僅比廟宇高，還非常堅固不怕颱風！
雖然這樣錢只夠蓋幾間而已，但真的很不錯呢！
馬偕設計的教堂都具有強烈的個人風格。

戰爭結束後，牛津學堂與女學院重新開張，
馬偕持續教學與牧會的工作，
撐過戰火的信徒與教會也持續成長著。
一八九一年，馬偕與學生所著的《中西字典》於上海發行。
這樣大家就能快速認字讀字了！
也能反過來學好英文呢！
一八九二年，馬偕來臺宣教滿二十年，信徒與朋友們送了非常多禮物。
整天從早到晚，都是不斷的祝賀。

感謝你前來臺灣協助，吳威廉牧師。
哪裡，要先麻煩你了，馬偕牧師。
同樣是加拿大人就別客氣了。
來吧，讓我教你臺灣的語言，你一定也會愛上這裡的！
來自加拿大的吳威廉牧師也開始協助馬偕，
分擔宣教工作，
加拿大啊……
也是再次回去的時候了。
有了吳威廉的幫忙，已經四十九歲的馬偕決定第二次返回故鄉。

什麼？牧師你說要回加拿大一陣子？
太突然了！
牧師你會回來嗎？
要去多久？教會學校跟醫館呢？
放心，吳牧師跟醫生都照料得很好，
因為這樣我才能放心地回加拿大。
畢竟我已經來臺灣二十年，只回去過一次。
牧師……
不要哭，牧師已經做決定了！
請讓我們幫忙收拾行李吧，牧師！
於是，學生幫助馬偕收拾要帶回國的各種收藏。
神像與採集到的各種標本，一一打包、裝箱。

竟然裝了十四箱啊……
都拿去寄吧！
除了家人們，馬偕還帶信徒柯維思一起回去。
護照
CANADA.
也為妻小與柯辦理英國人證明。
※當時加拿大依然由英格蘭管轄。
什麼！牧師要回加拿大？
牧師不要走啊！
我還想給牧師看病啊！
趕快準備才行！
轎子！鞭炮！
不用麻煩了，我不坐轎子的。
牧師你是臺灣的大恩人！請不要拒絕！
於是，馬偕在離臺前到處道別時，
竟然是最高等級的八人大轎！
都受到了各地信徒與被照顧過的人盛大送別。

一八九三年九月，馬偕帶著全家與柯維思，搭乘印度皇后號輪船第二次回到加拿大。
他到處演講關於臺灣的見聞，
幾乎每場都爆滿。
啊啊裡面已經沒位置了！
可惡太晚到了……
甚至有許多人無法進入，只能黯然回家。
也見了許多重要人士，
當然也回到加拿大的母會。
總會選舉一致通過，
本屆由……
馬偕

獲選為加拿大長老教會總會議長！
在加拿大的我依然會想起從前在福爾摩沙，
被丟雞蛋、驅趕、辱罵的日子，
親愛的人啊……
汪！
那些難熬的試煉，因為有上帝同在……
來啦！
大家丟他！
快滾出艋舺！
洋教沒人要信啦！
快趁我們還客氣時滾出去！黑鬚番！
我才能撐到光明的這一天！
然而，馬偕不知道的是……
此刻，在遙遠的東方海上，
正發生一場與臺灣無關，卻左右了臺灣命運的戰爭……

馬偕帶門徒柯維思回國，雖然已經證明他是英國人了，但還被收人頭稅，馬偕很介意，跟政府斡旋很久才拿回來。

V

在那遙遠的福爾摩沙

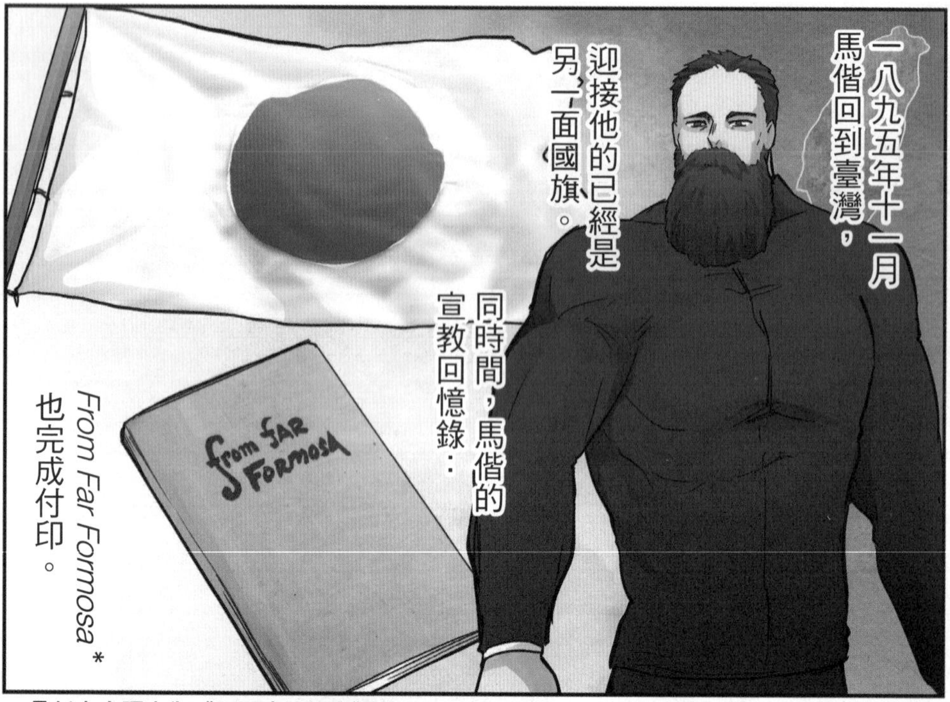
一八九五年十一月
馬偕回到臺灣，
迎接他的已經是
另一面國旗。
同時間，馬偕的
宣教回憶錄：
From Far Formosa＊
也完成付印。
From FAR FORMOSA

＊最新中文譯本為《福爾摩沙紀事》。

牧師！
馬偕牧師您終於回來了！
請幫幫我們！
日本人抓了好多信徒！
教堂也被日本士兵占走了！

打擾了。
！
你們就是日本軍隊的上級嗎？
好高大！
怎麼突然有外國人出現啊？
臺灣基督徒什麼都沒做！
你們不能關他們！
釋放他們 right now!
This...
This is a pen?!
我已經寫信給你們長官了！
釋放我們的信徒！
NOW！
哇啊是外國人！
為了營救信徒，馬偕積極地與領事館和日本官員來往。

臺灣正式進入日本時代後，
開始所謂的三年一小反，五年一大反的抗日運動。
民兵之間時常發生衝突。
教會也因為動亂而時常被迫中止聚會，
馬偕牧師！又有信徒被日本人抓了！
唉，在哪？我去找日本的長官。
馬偕因此得常常與日本警察和長官打交道。
除了這些以外……

日本人……
自然還多了日本人的基督徒，
還有日本人的宣教師。
祂帶領我們走過死蔭幽谷。
深知臺灣政局的馬偕接受了這些改變，
祂帶領我們走過死蔭幽谷，
保護我們不受傷害。
適當地調整講道的方式與翻譯順序。
不過比起清國……日本政府算好說話很多啊！
守法的觀念也好很多！
文明啊！
？
沒有比較，沒有傷害。

歡迎您，馬偕牧師，
這位是乃木希典總督。
請將您的問題告訴總督，我們會替您翻譯。
那我就不客氣地直說了……
最近日本人逮捕了一名基督徒……
只因為日軍指控他沒有告訴你們土匪的事情！
基督徒絕對不會窩藏罪犯，而且對政府絕對效忠！
無論是哪個政府，我都是這樣告訴信徒的！

大膽！你這是在說我們誣賴臺灣人嗎？
馬偕牧師！
我會保護基督徒！
絕對會讓正義在島內貫徹執行！請相信我吧！
乃木總督……
我答應你！
不需透過翻譯，馬偕從乃木真摯的眼神，就理解了他的意思。

被總督握住的手仍能感受到他強勁的力道……
他是個真正的男人啊！乃木希典總督！
願上帝保佑他未來在臺灣的建設！
福爾摩沙的弟兄姊妹啊！
新的時代來臨，教會也要順應時代的變遷！

請聽我說，這個新時代有兩件必要的事：
一、效忠天皇，如同我們敬畏上帝！
二、效忠耶穌基督！我們永遠的王！

不只北臺灣，南臺灣也因為巴克禮牧師接受臺南仕紳懇求，涉險前往與日軍交涉和平入城事宜，而在日本統治後備受禮遇，
進入日本時代後，教會成為合法的存在，且受到保護。
在臺灣的宣教工作因此變得更順利！

馬偕在臺灣宣教的日子一天天平順地過去……
馬偕牧師早啊！
早安！
年復一年，
年已五十的馬偕依然健朗，
每天熱衷於教學與醫療工作，
累積了許多跟隨他的信眾。
馬偕也繼續徒步前往他熱愛的宜蘭，
巡視各地教會，
為平埔各族看牙治病。

哇啊！
雨好大！
快點找個地方躲雨！
這雨真是下得又急又久啊……
哈啾！
爸爸，您從宜蘭回來後就一直咳嗽……
咳！
還是去給醫生看一下吧。
沒事，熱病比這還難受呢！
竟然用熱病來比較啊……

咳咳、咳！
嘔啊……
呼 呼
親愛的，你越咳越嚴重了，還是去給醫生看看吧。
沒事……咳
什麼沒事，不要硬撐，你也有了年紀啊。
馬偕輕忽的感冒日漸嚴重，
咳嗽逐漸讓他宏亮的聲音變得沙啞、低沉。
馬偕，你的喉嚨長了個瘤……
放心，應該是良性的……
……瘤啊，
西方的醫療能治好我嗎？
一定可以的！

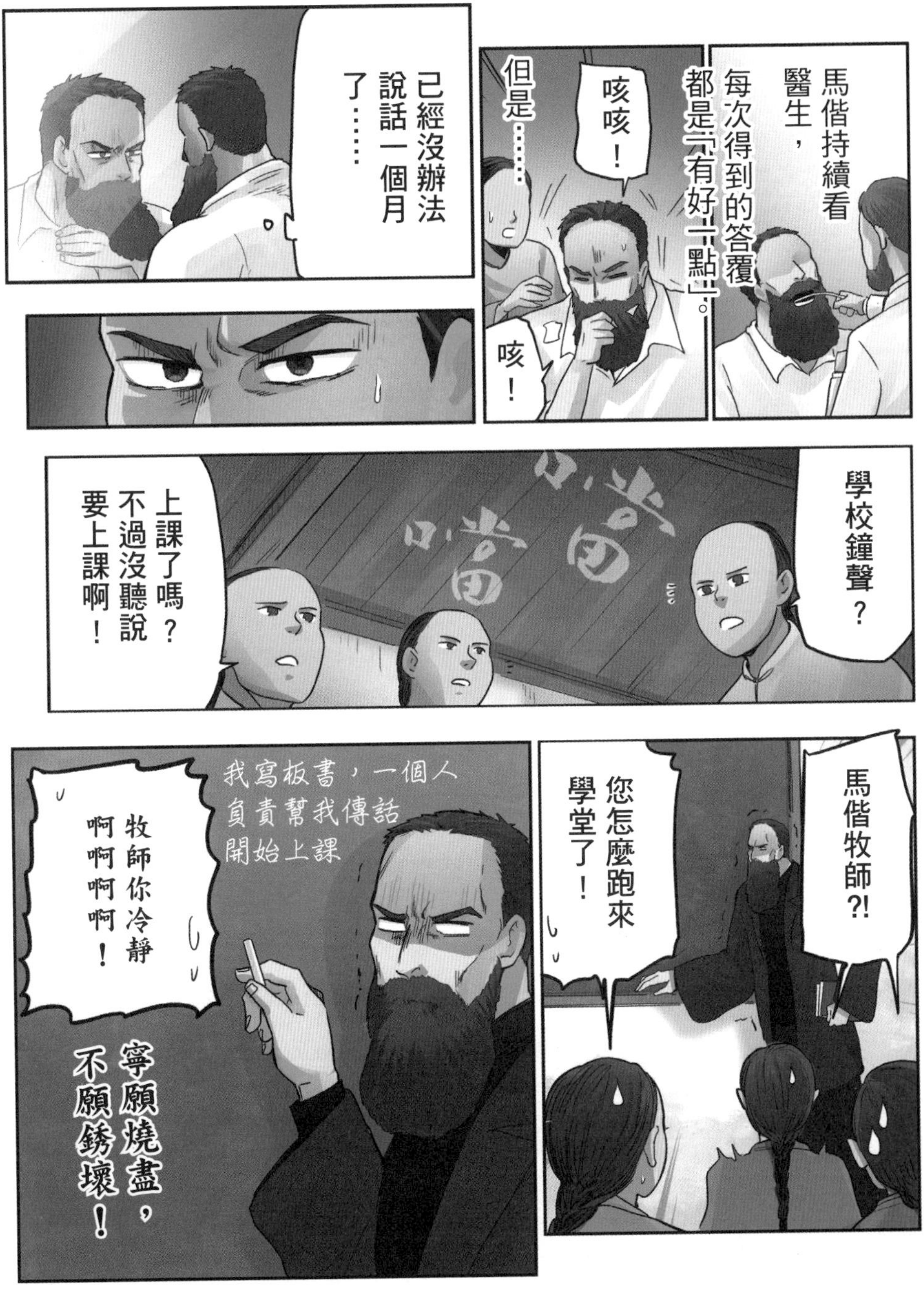
馬偕持續看醫生，每次得到的答覆都是「有好一點」。
咳咳！
但是……
咳！
已經沒辦法說話一個月了……
學校鐘聲？
上課了嗎？不過沒聽說要上課啊！
馬偕牧師?!
您怎麼跑來學堂了！
我寫板書，一個人負責幫我傳話開始上課
牧師你冷靜啊啊啊啊！
寧願燒盡，不願銹壞！

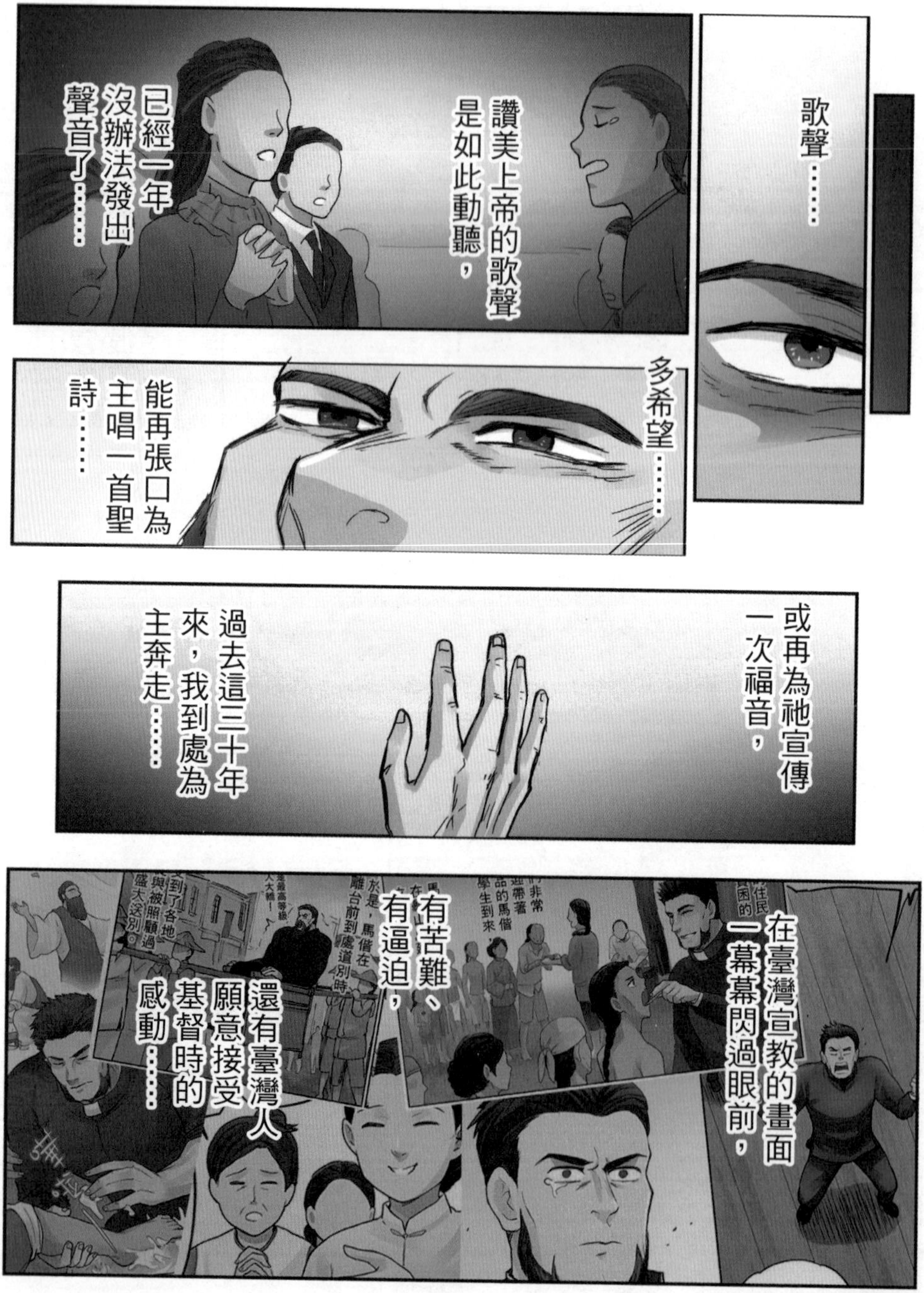
歌聲……
讚美上帝的歌聲是如此動聽，
已經一年沒辦法發出聲音了……
多希望……
能再張口為主唱一首聖詩……
或再為祂宣傳一次福音，
過去這三十年來，我到處為主奔走……
在臺灣宣教的畫面一幕幕閃過眼前，
有苦難、有逼迫，
還有臺灣人願意接受基督時的感動……

以利與媽連都嫁人了，
叡廉也很聰明，
臺灣本土培育出來的傳道人也能夠自行牧養教會，
已不再需要我掛心。
如今我將安息於心愛的福爾摩沙……
而我畢生的努力
——攏是為基督。
一九〇一年六月二日，
馬偕因喉癌逝世於淡水，
享年五十八歲。

我全心所疼惜的臺灣啊！我的青春攏總獻給你，
我專心所疼惜的臺灣啊！我一生的歡喜攏在此。
我在雲霧中看見山嶺，從雲中隙孔觀望全地，
波瀾大海中遙遠的對岸，我意愛在此眺望無息。
我心未通割離的臺灣啊！我的人生攏總獻給你，
我心未通割離的臺灣啊！我一世的快樂攏在此。
盼望我人生中的續尾站，在大湧拍岸的響聲中，
在竹林搖動蔭影的裡面找著我一生最後住家。
——馬偕〈最後的住家〉

左起：馬偕博士、兒子偕叡廉、次女偕以利、長女偕媽連、夫人張聰明女士。原圖為黑白，經手繪上色。黑白原圖淡水教會提供、王子碩手繪上色。

馬偕大事年表

西元	日期	馬偕生平
1844年	3月21日	誕生於加拿大安大略省（Ontario）牛津郡（Oxford）左拉村（Zorra）。
1858年		自多倫多師範學校畢業，之後回家鄉擔任小學教師。
1866年	9月	進入多倫多大學諾士（Knox）神學院就讀，次年轉入美國普林斯頓（Princeton）神學院深造。
1870年	4月26日	普林斯頓神學院畢業，由美起程返加拿大。
	9月19日	向加拿大長老教會提出申請，自願成為海外宣教師。
1871年	6中旬	加拿大長老教會議決准馬偕自願為海外宣教師，並指定清國為其服務地區。
	11月1日	搭乘「亞美利加號」（America）輪船由舊金山出海，前往清國。
	12月5日	經日本橫濱抵達香港，接著至廣東講道，再往汕頭、廈門。
	12月29日	抵達臺灣，在打狗（今高雄）登陸。

1872年	1月1日	於屏東拜會英格蘭長老教會宣教師李庥（Ritchie）。
	3月7日	在李庥的陪同下搭客輪「海龍號」前往北臺灣。
	3月9日	於下午三點在滬尾（今新北淡水）上陸。
	4月10日	於淡水租屋，北臺灣第一所教會淡水教會開設。
1873年	3月2日	五股坑教會落成（北臺灣第一間禮拜堂，淡水為租屋）。
	10月20日	首次訪宜蘭平原。
1878年	5月27日	與張聰明結婚。
1879年	5月24日	長女偕媽連出生。
	9月14日	「滬尾偕醫館」啟用。
1880年	1月1日	同夫人及女兒返加拿大述職。
	9月4日	次女偕以利誕生於加拿大。
		返加期間獲得榮譽神學博士（D.D.）學位。
1881年	12月19日	由加返臺，抵達淡水。
1882年	1月22日	長子偕叡廉誕生於淡水。
	9月15日	理學堂大書院（牛津學堂）開學，學生共計十八名。

西元	日期	馬偕生平
1883年		進入宜蘭平原向噶瑪蘭族宣教。
1884年	3月3日	女學堂開學。
	10月21日	馬偕赴香港探望家屬。
	10月23日	清法戰爭*，法下令封鎖臺灣沿海各港口，馬偕因港口封鎖而無法回臺，身陷香港。
		（清法戰爭期間教會皆受迫害，教堂被毀七座，數十名信徒遇難殉道）。
1885年	4月19日	法艦隊解除對臺灣各港口的封鎖後，馬偕回到淡水。
	5月29日	入法軍占領區巡視教會，途中晉見臺灣巡撫劉銘傳。
	9月28日	劉銘傳以墨西哥銀（佛銀）一萬圓賠償北部教會，重建七座教堂。
1891年	7月3日	馬偕所著《中西字典》（*Chinese Romanized Dictionary of the Formosan Vernacular*）在上海美華書館印行。
1893年	9月6日	馬偕帶著全家與門徒柯維思，搭乘「印度皇后」號輪船，第二次返回加拿大述職。
1894年	6月13日	獲選為加拿大長老教會總會議長。
1895年*	11月	著作 *From Far Formosa* 完成付印（最新的中文翻譯版本為二〇〇七年出版的《福爾摩沙紀事》）。

＊1895年4月17日：《馬關條約》清國將臺灣割讓給日本。

＊清法戰爭：1883年12月至1885年4月間。

1896年	11月19日	馬偕全家及門徒柯維思返臺，回到淡水。
	11月23日	晉見臺灣總督乃木希典。
	12月8日	乃木希典到淡水拜訪馬偕。
1898年	6月22日	晉見臺灣總督兒玉源太郎。
1899年	3月9日	馬偕兩個女兒同日結婚，長女嫁陳義清，次女嫁柯維思，由吳威廉證婚（加拿大長老教會宣教師，一八九二年奉加拿大母會派任，前來臺灣協助馬偕宣教）。
1900年	5月	最後一次巡視宜蘭平原諸教會，回到淡水後不久發現聲音沙啞，經醫師診斷罹患喉癌。
	11月	前往香港治療。
1901年	6月2日	下午四時病逝淡水住所，享年五十八歲。
	6月4日	安葬於淡水馬偕墓地。

※本年表參考、整理自「淡水長老教會」線上網站之馬偕大事年表。

淡水馬偕史跡

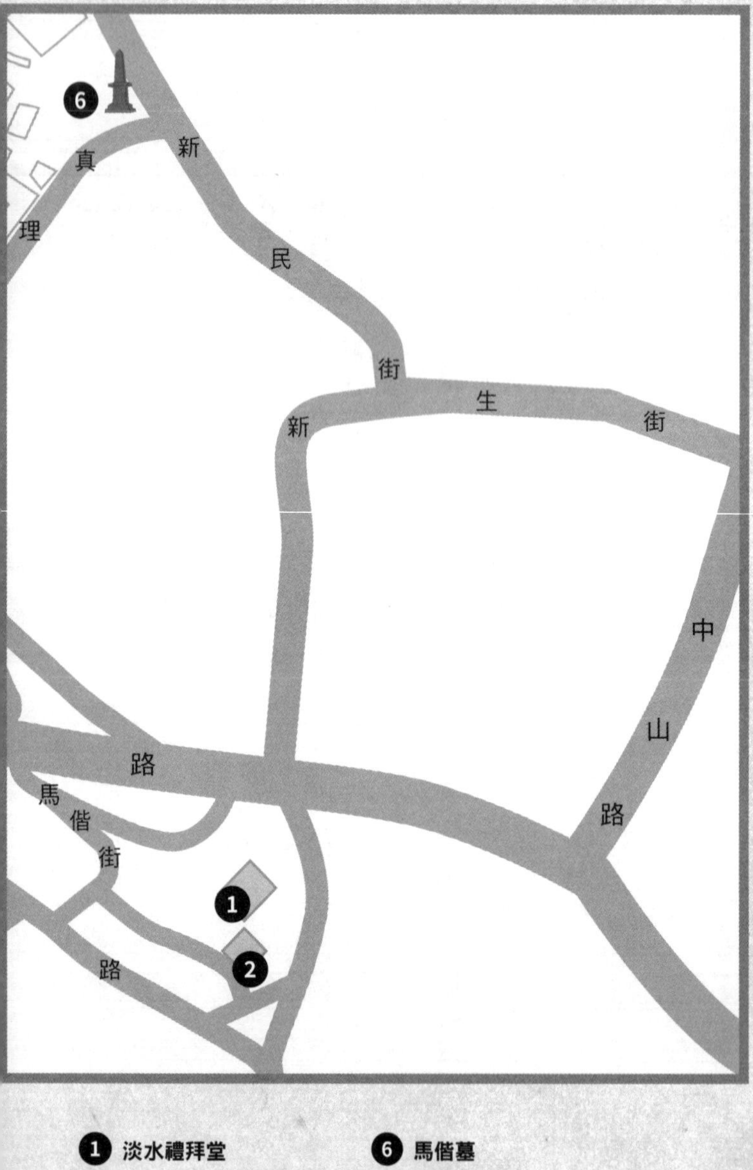

1 淡水禮拜堂

2 滬尾偕醫館

6 馬偕墓

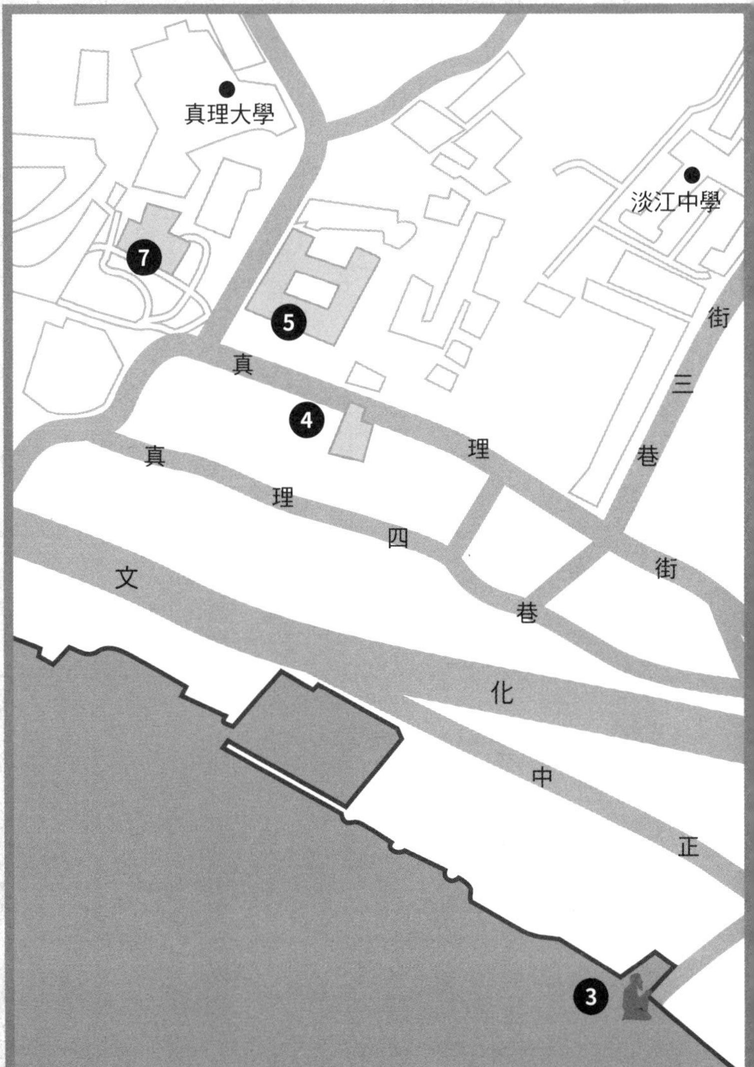

❸ 馬偕上岸處

❹ 馬偕故居（馬偕紀念館）

❺ 淡水女學堂

❼ 理學堂大書院（牛津學堂）

1 淡水禮拜堂

淡水教會經歷三次建堂，第一代淡水教會為馬偕抵達淡水時所租賃的房子。1901 年馬偕過世之後，第二代禮拜堂於 1915 年於現址興建完成，建體有著白灰色的牆，故被稱為「白色禮拜堂」。1928 年馬偕博士來臺宣教六十周年，淡水教會決定改建，由馬偕之子偕叡廉牧師設計與督建，於 1933 年 9 月 3 日完工。有著美麗紅磚牆與哥德式尖頂的第三代禮拜堂，迄今仍是淡水著名的文化古蹟。

淡水馬偕街8號
OPEN 不開放入內參觀

2 滬尾偕醫館

馬偕來臺宣教的同時也免費為人施藥治病，因求診者眾多，於是另租民房作為診所（滬尾醫館）。1879 年馬偕為擴展醫療工作，於現址建造新醫館。1880 年馬偕回加拿大述職，一位來自美國底特律的同姓婦人，為紀念亡夫馬偕船長，捐款 3000 美金。馬偕將經費用於新醫館，並將新醫館命名為「滬尾偕醫館」，紀念馬偕夫婦善舉。1998 年偕醫館被評定為三級古蹟。

新北市淡水區馬偕街6號
OPEN 13:00~17:00（禮拜六、日公休）

3 馬偕上岸處

1872 年 3 月 9 日下午 3 點，馬偕搭乘客輪「海龍號」來到臺灣，自北部重要港口滬尾（淡水古名）登陸。在他上岸的地方有設立銅像，銅像由國立臺北藝術大學王志文教授所作，外型為馬偕跪地祈禱，身旁是他搭乘的小船，取馬偕上岸為意象。

新北市淡水區中正路 15 巷處（淡水郵局後方，星巴克河岸門市旁）
OPEN 24 小時開放

4 馬偕故居（馬偕紀念館）

新北市淡水區 4 巷 2 號
OPEN 不開放入內參觀

1875 年由馬偕親自設計督建，是一座西班牙式的白堊孤廊建築。馬偕與夫人張聰明女士長居於此，直至 1901 年病逝。此地除了是馬偕與家人一同生活之處，亦是他宣教，從事教育、醫療工作的重要基地。2016 年此處設立馬偕紀念館，現今不對外開放。

5 淡水女學堂

馬偕於 1883 年創校，是臺灣史上第一座女子學校。創校動機希望藉由教育力量提升女性地位與程度，培養她們成為女性傳道人員。創校初期學生大半是來自宜蘭的噶瑪蘭平埔各族人。學校教授讀、寫、算術、聖經歷史和聖經教義等，為了鼓勵婦女入學，女學堂不但免繳學費，亦補助膳宿。當年女學堂校舍，如今作為淡江中學附設純德小學校舍沿用。

251 新北市淡水區真理街純德大樓
OPEN 不開放入內參觀

6 馬偕墓

1901 年馬偕辭世後長眠處，位於淡江中學後方，墓碑右側為其夫人張聰明女士之墓，再右是女兒與女婿，左邊為長子偕叡廉夫婦。1985 年公告為三級古蹟。現由淡江中學管理。

251 新北市淡水區真理街 26 號
OPEN 如欲入內參觀，請洽詢淡江中學總務處（02-2620-3850#141）

7 理學堂大書院（牛津學堂）

馬偕於 1882 年創立，乃利用馬偕故鄉加拿大牛津郡鄉親捐款 6215 加幣所建成。為紀念牛津郡鄉親的善舉，英文名為「Oxford College」，又稱牛津學堂。馬偕博士逝世後，牛津學堂改制為神學校。1914 年春天神學院遷至臺北，原淡水舊校址由馬偕之子偕叡廉牧師創辦淡水中學校（現淡江中學前身），之後歷經輾轉，1965 年於牛津學堂成立「淡水工商管理專科學校」（現真理大學前身）。因此，牛津學堂被視為臺灣神學院、淡江中學和真理大學的搖籃地。現為真理大學校史館。

新北市淡水區真理街 32 號（真理大學校園裡）
OPEN 不開放入內參觀

臺灣的馬偕

——林立青 作家

兩年前，我和蠹羊討論起臺灣的宣教師，從眾多的史料和各種紀錄中，不正經地找到一些有趣的紀錄，像是馬偕的兒子寫爸爸「胸部發達」，萬榮華的同學稱讚他「雙腿秀美」，這些史料把過去過於陽剛和正統記載的馬偕等宣教師變得更有趣、更完整，且更像真的人，如果說過去的觀點所記錄下的馬偕是骨骼，那麼蠹羊擅長的，是在各種紀錄中把肌肉面容和鬍鬚也都畫出來。

蠹羊就在這樣的動力下，畫完整本宣教師新刊，裡面的馬偕經歷拔牙傳教，禮拜堂被拆，重新被迎接坐轎繞境等故事，原本我們以為會「冒犯」長年保存史料的長老教會，沒想到得到了熱烈的反應，許多基督徒們帶頭討論，也引起更多讀者和臺灣人重視宣教師們對臺灣的貢獻。

這之後，蠹羊用了更多心思去拜訪教會，閱讀史料，又完成了這一本專門為馬偕而畫的漫畫。不同於那時候我們選擇的「重點」，這本傳記式的漫畫裡，馬偕及他的家人生活形象都更為完整，每一個階段所面臨的挑戰都更具體而鮮明。

這本漫畫出現的也正是時候，臺灣這幾年逐漸脫離原本的中國史觀和黨國史觀，用更開闊多元的視角來看待我們腳下的這塊土地和人們。馬偕在臺灣的傳奇故事本來就無可迴避，但過去多半著重在醫療、傳教和教育，少有人用漫畫的方式成功詮釋那段歷史的艱辛和挫折。這本漫畫的主要紀錄來源是從教會史，不同於被黨國詮釋過的歷史，教會史一直獨立於國家之外，卻少被教會以外的人細讀。蠢羊多產且勤奮，在教會史的基礎上，讓馬偕的故事能夠被更多人看見與討論。

我大力推薦這部漫畫，更希望透過這部漫畫，可以讓我們重視這些為這塊土地付出過的宣教師，重現他們愛臺灣的精神。

用圖像認識文史，用漫畫認識馬偕

——鄭浚豪 臺灣基督長老教會淡水教會主任牧師

「既然我們有這麼多見證人，像雲彩一樣圍繞著我們，就應該排除一切的障礙和跟我們糾纏不休的罪，堅忍地奔跑我們前面的路程。」（希伯來書12：1）

馬偕是來自加拿大的宣教師，在臺灣將近三十年的日子，透過醫療與教育，試圖使更多人接觸到基督福音。同時，他踏足整個北臺灣，包括原住民部落、客家庄都有相關紀錄和事蹟，所設立的教會就超過六十間。回顧馬偕的一生，如同「寧願燒盡，不願銹壞」的精神，將其生命都奉獻給臺灣。

鄙人是牧會的牧師，牧會需要處理許多人事物，過程中也會有難過與失落。然而，信仰的力量總是帶來安慰與鼓勵。對馬偕來說，他的力量是來自對上帝的信心。從*From Far Formosa*乙書中，馬偕介紹臺灣的地震，並且形容臺灣地震是常有的，會造成很大的災害。不過，馬偕在面對大自然的變化之際，他認為：「這些都是盲目強大的力量，卻都被萬能的上帝所控制……，即使大地改變，山嶽被移入海中，我們也不恐懼。永生的神是我們的庇蔭，神的手永遠在保護我們。」又一八九五年，臺灣因《馬關條約》的緣故，被清國割讓給日本，國家社會動盪不安，遠在加拿大的馬偕不顧眾人的勸阻，毅然決定帶著家人返回臺灣；馬偕說：「我們不害怕，我們的信心在於永遠的上帝。」由此可見，由信仰而產生的信心，使馬偕的工作不會是徒勞無功。

馬偕學專家謝大立牧師以為：「成為福音使者的馬偕，是一個具有使徒性信仰特質和熱情的人，他留下許多美好的信仰遺產給臺灣教會，其中最為人津津樂道的，就是那支撐他用全生命投入海外跨文化宣教的力量，即是『攏是為基督』。為了基督，馬偕克服了困境、逆境、險境，繼續勇往直前宣揚福音、建立教會、培育人才，置生死於度外，其背後深層浮現的是一種對『上帝攝理』的確信。」為了紀念馬偕，從二〇〇一年起，淡水訂定六月二日為馬偕日，這可是全國第一個為外國人所訂定的紀念日。

欣聞蠢羊以漫畫的方式，有別以往的文字，將馬偕當年宣教的辛苦、對北臺灣的貢獻，以及對這塊土地深厚的感情，深入淺出地表現出來，相當值得肯定。鄙人誠摯推薦此書，期待透過本書，讓更多人用圖像認識文史，用漫畫認識馬偕。

我眼中的《馬偕日記》

臺灣名人傳記漫畫系列竟然跳出了特別篇，真是始料未及，不過如果是「馬偕」的話，那就毫不意外了——對我這個作者來說。

在畫第二本《巴克禮》時，心中一直有個想法：除了巴克禮，第一位來臺宣教師馬雅各，以及最後一位離臺的宣教師萬榮華，他們的故事我都畫過了，南部傳教史可以說已拼湊出了個大概，但是北部的一直沒能著墨。大概是因為資源的差異，很多人都聽過馬偕，也有非常多馬偕相關的作品與研究，因此覺得並沒有一定要由我來畫的必要。

這是在看了《馬偕日記》之前的想法。

一開始被引起興趣是因為立青，他從教會史料扒出很多以前從來不知道的有趣事情，從非信徒的角度來看，就像是描述清代日治臺灣的另種面向，一般人看的大部分史料都是由官方文書，以及文人知識分子所留下的，如果想看庶民角度則需由娛樂作品著手，但是如果是外國人呢？

現在YouTube上有許多從「外國人」的角度來看臺灣美食、文化的頻道，我想對我來說，《馬偕日記》就是這樣子的投射吧，一個加拿大人跑到臺灣來，試圖跟這裡的居民交流，發生各種衝突的紀錄。日記裡頭各種私人的心情就像YouTuber面對鏡頭時那樣有趣，雖然三本日記真的有夠厚，我還是抱著這樣的心情看完了。

「不能只有我看到」，我想讓更多人知道那時代的風景、民風、習俗。說實話真的滿有趣的，馬偕因為北臺灣的宣教師只有他一個人，而且事實上，他跟其他派來協助的宣教師並沒能太和諧地工作，加上軍人般的性子……

我本來有點頭痛，到底該怎麼描繪這樣一個大家都熟悉的人物才恰當，因為大家真的太熟馬偕，會有一個既定的刻板印象，這問題困擾了我一段時間，直到我看到他的星座……

嗯，是牡羊座呢，跟我一樣。這想法冒出來時，忽然間所有問題都解決了，加上那句「寧願燒燬、不願銹壞」的座右銘……我知道我該怎麼做了。

希望你會喜歡這本描述各種不同面貌的馬偕日記漫畫版，也很感謝長老教在這段期間給予的幫助和支持，讓我能夠完成心中補完北臺灣宣教史漫畫的野望。

寧欣　二〇二三・〇六・〇六

參考資料

出版品

《馬偕日記1871-1901》（偕叡理著／北部臺灣基督長老教會大會、北部臺灣基督長老教會史蹟委員會策畫／王榮昌、王鏡玲、何畫瑰、林昌華、陳志榮、劉亞蘭譯／吳文雄、郭德士（John E. Geddes）、陳慶文、黃奉銘、鄭仰恩、蘇文魁編／玉山社出版／二〇一二）

《福爾摩沙紀事：馬偕臺灣回憶錄》（馬偕著／林晚生譯／前衛出版／二〇〇七）

《近代長老教會來臺的西方傳教士》（吳學明著／日創社文化出版／二〇〇七）

《黑鬚番：馬偕博士漫畫傳記》（蕭瑞益編繪／春豐文創出版／二〇一二）

《重新發現馬偕傳》（陳俊宏著／前衛出版／二〇〇一）

《馬偕的孩子說故事：來看偕叡廉》偕叡廉口述／偕瑪烈記錄／林一真譯／宇宙光出版／二〇一七）

《馬偕博士收藏臺灣原住民文物：沈寂百年的海外遺珍　特展圖錄專輯》（吳密察等著／順益臺灣原住民博物館出版／二〇〇一）

《法國畫刊》（一八八四年・八月）

網路資料庫

《教會史話》（賴永祥長老史料庫）
http://www.laijohn.com/contents.htm
故宮奏摺檔（國立故宮博物院）
https://qingarchives.npm.edu.tw/

FUN系列 99

臺灣名人傳記漫畫特別篇：馬偕【華文版】

作　　者—蠢羊
封面協力—子龍
內容顧問—王子碩、盧啟明
主　　編—尹蘊雯
責任編輯—王瓊苹
責任企劃—吳美瑤
美術設計—FE設計
地圖繪製—黎宇珠
內頁排版—洪伊珊

編輯總監—蘇清霖
董 事 長—趙政岷
出 版 者—時報文化出版企業股份有限公司
一〇八〇一九臺北市和平西路三段二四〇號三樓
發行專線—（〇二）二三〇六六八四二
讀者服務專線—（〇八〇〇）二三一七〇五・（〇二）二三〇四七一〇三
讀者服務傳真—（〇二）二三〇四六八五八
郵撥—一九三四四七二四　時報文化出版公司
信箱—一〇八九九臺北華江橋郵局第九九信箱

時報悅讀網—http://www.readingtimes.com.tw
電子郵件信箱—newlife@readingtimes.com.tw
時報出版愛讀者粉絲團—http://www.facebook.com/readingtimes.2
法律顧問—理律法律事務所 陳長文律師、李念祖律師
印　　刷—勁達印刷有限公司
初版一刷—二〇二三年七月十四日
定　　價—新臺幣三三〇元

時報文化出版公司成立於一九七五年，並於一九九九年股票上櫃公開發行，於二〇〇八年脫離中時集團非屬旺中，以「尊重智慧與創意的文化事業」為信念。

ISBN：978-626-374-005-1
Printed in Taiwan